RAPPORT SUR UN OUVRAGE

DE M. BOUTHORS,

Greffier en chef de la Cour impériale,

INTITULÉ :

COUTUMES LOCALES DU BAILLIAGE D'AMIENS,

PAR M. DUPIN.

EXTRAIT DE LA LIVRAISON D'AVRIL 1854 DU COMPTE-RENDU
De l'Académie des Sciences morales et politiques
(Institut de France).

RAPPORT SUR UN OUVRAGE

DE M. BOUTHORS,

Greffier en chef de la Cour impériale,

INTITULÉ :

COUTUMES LOCALES DU BAILLIAGE D'AMIENS (*),

PAR M. DUPIN.

On a trop négligé et peut-être trop méprisé le moyen-âge. Les érudits de la renaissance ont dû travailler de préférence à sauver de l'oubli et à remettre en lumière les chefs-d'œuvre de l'antiquité grecque et romaine ; mais après cet immense labeur accompli, il fallait se montrer également curieux de rechercher nos propres origines; et la défaveur attachée à la barbarie ne devait pas empêcher d'explorer avec le même soin l'intervalle écoulé du IXe au XIIIe siècle, afin d'éclairer les lacunes ténébreuses d'une époque si violemment tourmentée.

Pour ce temps aussi, il fallait rassembler les faits épars, interroger les monuments, les chroniques, déchiffrer les

(*) Amiens, 1853. — 2 vol in-4°.

chartres, les diplômes, les vieux titres, pour en exhumer l'histoire de nos ancêtres, de leurs faits et gestes, de leurs mœurs, source primitive de nos lois dans tous les points où elles offrent un caractère propre et singulier.

Or tout cela, je le répète, fut un peu trop délaissé. On courut de la littérature ancienne à la littérature nouvelle, des siècles de Périclès et d'Auguste à ceux de François Ier et de Louis XIV; c'était plus attrayant. Aussi Ducange qui a travaillé pour tout le monde en composant son vaste glossaire, qui est devenu l'indispensable auxiliaire de toutes les recherches et la principale clef de toutes les interprétations pour les actes du moyen-âge, Ducange confessait presque en soupirant « qu'il avait choisi la partie la plus rebuttante de la littérature. »

Les Bénédictins de Saint-Maur sont venus bien tard et ont disparu trop tôt. Ils ont fourni néanmoins une noble carrière remplie par d'immenses et consciencieux travaux et par la publication de doctes ouvrages, dont plusieurs sont continués par nos savants confrères de l'Académie des inscriptions et belles-lettres.

Mais combien tout cela est peu en comparaison de ce qui reste à faire pour mettre au jour tout ce qui intéresse l'époque dont nous parlons. Heureusement, depuis quelques années, on peut dire que le moyen-âge est redevenu à la mode; le retour d'exploration vers cette partie de notre passé est aujourd'hui général.

En architecture, par exemple, au lieu de continuer à détruire les vieux monuments, on s'est appliqué à les conserver; et, par une heureuse idée qui ne date guère que de 1830, au lieu d'adapter à des édifices gothiques ou romans des restaurations modernes, dans un style disparate dont le contraste choquait les yeux et le bon goût, on s'est attaché à conserver à chaque création antique son caractère primitif et original; et c'est ainsi qu'on a rencontré et remis à neuf d'admirables beautés.

Ce qu'on a fait pour les vieux monuments d'architecture, et même pour les vieux meubles, on a dû le faire pour les manuscrits. Chaque ville autrefois possédait des *Archives*. Les plus vieux titres, il est vrai, y demeuraient relegués à l'écart sur les rayons les plus reculés des bibliothèques, ou renfermés dans quelque vieille armoire, ou confinés dans un grenier; mais enfin ils étaient à couvert, et plus tard il eût suffi d'en secouer la poussière pour en retrouver le texte et les publier.

Au milieu de la tourmente révolutionnaire, une loi fatale, sous prétexte d'anéantir les traces de la féodalité, crut devoir prescrire la destruction des registres terriers et de tous les vieux titres. Au moment de l'exécution, l'ignorance vint au secours de la malice, et dans plusieurs localités on détruisit plus que la loi anti-féodale ne l'avait ordonné. C'est par exception que, dans les grandes villes et dans quelques obscures localités, un certain nombre de pièces, de registres et d'autres manuscrits ont échappé à ce genre de dévastation légale, grâce à la sollicitude courageuse de quelque bibliothécaire ou de quelque secrétaire-greffier, devenu le Cerbère des dépôts confiés à sa foi.

Heureusement encore, au milieu de ces dévastations locales, une ressource demeura ouverte par la disposition qui prescrivait l'envoi et le dépôt aux archives nationales d'un certain ordre de titres et de documents. Cet établissement est ainsi devenu un *vaste trésor des chartes*, où chacun, depuis, s'est mis à la piste de ce qui avait disparu.

Toutefois, un autre obstacle s'opposait à ce que les recherches fussent aussi fructueuses qu'on pouvait le désirer. Les plus anciens des diplômes et des titres, soit aux archives nationales, soit dans les bibliothèques et dans ce qui restait des archives locales dans les départements, étaient indéchiffrables pour le commun des lecteurs. Pour eux, un manuscrit, un diplôme du xe ou du xie siècle leur faisait le même effet qu'un ouvrage écrit dans une langue inconnue ; c'était comme des hiéroglyphes qui attendaient leur Champollion.

Survint à propos l'*Ecole des chartes ;* école féconde qui a déjà produit un grand nombre d'élèves instruits en diplomatique et en paléographie, c'est-à-dire, dans l'art de déchiffer les écritures des vieux diplômes, chartres et titres, d'en reconnaître le caractère, l'âge et le degré d'authenticité. Par une sage disposition de l'ordonnance de réorganisation (1), c'est parmi les élèves sortis de cette école et munis du diplôme d'archiviste-paléographe, que doivent être choisis exclusivement « les archivistes des « départements, et, de préférence, les répétiteurs et « professeurs de l'école, les auxiliaires aux travaux de « l'académie des inscriptions, les bibliothécaires ou em- « ployés dans les bibliothèques publiques de France. »

Les élèves de cette école ont été chargés particulièrement de la publication des *Documents inédits de l'Histoire de France*, recueil précieux dont la première pensée appartient à M. Guizot, et qui s'est continué sous ses successeurs au ministère de l'instruction publique; œuvre

(1) Ordonnance du 31 décembre 1846, qui vise les ordonnances antérieures des 22 février 1821, 16 juillet 1823 et 11 novembre 1829, sur la constitution et le régime de cette école.

féconde, digne de prendre rang à côté de celles des Bénédictins.

L'exemple du bien a aussi sa contagion. A l'instar de cette grande publication officielle qui a déjà produit tant de curieux volumes, on a vu succéder un assez grand nombre de publications particulières. Le docte Guérard, dont l'Institut et tout le monde savant déplorent la perte récente et prématurée, a donné son édition du *Polyptique d'Irminon*, en y joignant des dissertations qui en ont fait sortir un traité complet de l'état des colons et de la condition des terres pour l'époque à laquelle il s'applique. Une foule d'autres auteurs ont aussi fait passer à l'état de livres des manuscrits auparavant inconnus ou réputés indéchiffrables.

Notre illustre confrère Augustin Thierry, cet aveugle si clairvoyant, ce vieux lauréat de l'histoire, mais avant tout et par prédilection *historien du Tiers-État*, a tout à la fois tracé le plan des recherches, composé un riche inventaire de pièces, et donné un spécimen de l'exécution.

A la suite de cette histoire qui, sous le titre modeste d'*Introduction*, retrace d'une manière si solide et si brillante, la route, longue, raboteuse, et si fort accidentée, suivie par nos aïeux pour arriver à la liberté; — (et cela, n'en déplaise à ceux de nos contemporains qui, par une singulière préoccupation d'eux-mêmes, affectent de voir une attaque personnelle aux nobles d'aujourd'hui dans tout ce qu'on ose bien dire de la féodalité d'autrefois!) — après s'être arrêté au moment où la suite du progrès venait d'amener enfin, en 1789, l'unité nationale et l'égalité de tous devant la loi, M. Aug. Thierry avait l'intention de donner un *programme raisonné* du *Recueil des statuts et Actes municipaux des Villes de France*, pour arriver successivement à la publication aussi complète que possible, des *Monuments inédits de l'histoire du Tiers-État.*

Ce programme paraîtra plus tard : — mais, en attendant, M. Aug. Thierry a donné en première ligne, les chartes, ordonnances, et actes divers relatifs à l'*Histoire municipale d'Amiens*, — comme offrant le plus parfait modèle de la *Commune jurée*, et celle aussi sur laquelle on possède le plus de documents.

Ce Recueil remonte au-delà du XIIe siècle. Il comprend pour cette période cinq chartes depuis l'an 1057 jusqu'à l'an 1095. Le XIIe siècle offre à la date de 1117 les actes primitifs de la charte communale d'Amiens : le reste se continuera ainsi jusqu'en 1789.

C'est à proprement parler le droit public et administratif de la cité d'Amiens.

Mais, à côté de ce recueil, vient s'en placer un autre non moins considérable et qui forme le complément du premier, c'est le recueil du *droit coutumier* de la même province. Tel est l'objet des deux volumes in-4° que M. Bouthors, greffier en chef de la Cour impériale d'Amiens a publiés sous le titre de *Coutumes locales du bailliage d'Amiens.*

Cette grave publication n'est pas pour vous un ouvrage tout à fait inconnu. Un de nos honorables confrères (M. Troplong) vous en a déjà entretenus dans un rapport présenté à cette Académie, en janvier 1846 (1). Je n'aurais donc, à la rigueur, qu'à examiner si le second volume justifie les espérances que le premier a fait concevoir à son

(1) V. le Compte Rendu de l'Académie ; t. IX, p. 142 et Revue de législation 1846, tome 1, pages 5 à 129.

docte rapporteur, si je ne tenais à faire connaître l'ouvrage dans son ensemble.

Mais, avant de jeter sur l'œuvre même de M. Bouthors, c'est-à-dire sur son introduction et ses commentaires, un coup d'œil qui ne peut être que très-rapide, je dois raconter l'histoire en quelque sorte matérielle des documents qu'il a sauvés de la destruction et de l'oubli. Les coutumes locales du bailliage d'Amiens ont été apportées à l'assemblée générale des Trois-États, le 2 octobre 1507, pour y être vérifiées et approuvées (1). Cette vérification ne put avoir lieu, parce que le nombre des procès-verbaux était si considérable, que la lecture aurait exigé plus de six mois de séances consécutives. Ils furent déposés dans une huche placée au-dessus de l'auditoire (2). Après avoir échappé aux injures du temps et aux dévastations révolutionnaires, ils se trouvaient entassés sans ordre et comme *papiers de rebut* (3) dans un des coins les plus humides du local affecté à la Cour d'appel d'Amiens, lorsque M. Bouthors fut appelé aux fonctions de greffier en chef. La curiosité d'abord les lui fit compulser; et malgré l'état de pourriture et de délabrement dans lequel se trouvaient la plupart de ces pièces, il a employé dix-huit ans à des

(1) Cout. loc., t. 2, p. 5.

(2) *Ibid.*, p. 25, § 4.

(3) C'est ainsi que les anciennes archives de Nevers (d'autant plus précieuses qu'elles étaient plus complètes, Nevers étant toujours resté dans la même Maison, sans être jamais réuni à la Couronne), ont été délogées des combles de la préfecture, où on les avait entassées, et vendues à la livre aux épiciers de la ville, parce qu'un jour de fête on voulait faire jouer la comédie dans le local concédé aux archives.

études préliminaires et à un travail de publication qui se poursuit depuis 1841, sous les auspices et avec les encouragements de la société des antiquaires de Picardie.

Les originaux des coutumes locales, apportés au Bailliage en 1507, ont été inventoriés en 1559. Cet inventaire constate la présence de quatre cent cinquante-trois coutumes : cinquante-six ont disparu depuis cette époque, et il est fort douteux que celles qui sont aujourd'hui publiées, fussent venues jusqu'à nous, si l'œil d'un érudit ne se fût ouvert sur ce trésor ignoré, et si une main ferme ne s'en fût emparée pour en secouer la poussière et mettre en évidence les richesses qu'il renferme.

L'éditeur n'eût-il que ce seul mérite, il faudrait encore lui savoir gré d'avoir persévéré dans une tâche aussi fastidieuse, et d'avoir trouvé en lui-même assez de force, de résolution, et de constance pour le mener à bonne fin.

Ces coutumes qui embrassent dans leur ensemble une très-vaste étendue de pays sur les deux rives de la Somme et de l'Authie, se répartissent entre huit prévotés : Amiens, Beauvais, Fouilloy, Vimeu, Saint-Riquier, Doullens, Beauquesne et Montreuil.

M. Bouthors a divisé son travail en autant de séries qu'il y a de prévotés. Il fait précéder chaque série d'une *notice* sur l'ensemble des coutumes qui la composent, et il la termine par des *notes* explicatives des *textes* qui sont publiés tantôt en entier, tantôt par extrait, selon le degré d'importance qu'ils présentent. Un sommaire en quelques mots indique l'objet des articles supprimés (1).

Les coutumes, même les plus insignifiantes, ont toutes leur préambule, avec les formules et mentions finales,

(1) Voir t. II, p. 197, § 2.

qui ne pouvaient pas être passées sous silence, à cause des éclaircissements historiques qui peuvent s'y rencontrer.

Le préambule donne presque toujours le nom du seigneur propriétaire, possesseur ou engagiste de la terre (1) en même temps qu'il fait connaître le titre de la seigneurie, la nature de sa justice, la mouvance, le ressort, etc. A l'aide de ces indications l'éditeur a pu dresser la liste des principaux seigneurs du bailliage d'Amiens en 1507, et ce tableau des seigneuries laïques et ecclésiastiques n'est certainement pas la partie la moins curieuse de son travail (2).

Les mentions finales donnent les noms et qualités des signataires, ou parfois la marque ou signe par lequel leur adhésion à l'acte est constatée. Ce signe figure plus ou moins grossièrement une *herse* (3), une *roue* (4), une *charrue*, un *soc*, un *fléau*, une *cognée*, une *serpette*, une *faucille*, une *fourche*, une *houlette*, un *cornet de pâtre* (5) si l'individu est laboureur ou manouvrier; — un *fer à cheval*, un *marteau*, une *enclume*, une *scie*, une *hache*, un *cercle*, un *couperet*, une *pelle à four*, une *clé*, une *navette*, un *sabot*, un *gril*, des *ciseaux ouverts*, un *rasoir*, s'il est artisan. — Quelquefois aussi le nom patronimique détermine le choix du signe : ce sont comme des *armes parlantes* (6). Par exemple, le boucher prend pour marque un *couteau la lame en bas*; E. Dague, un *couteau ou-*

(1) Tome II, p. 408, 613, 609, 696.
(2) Tome II, p. 729
(3) I. 391, 432, 478. — II. 62, 79, 228, 514.
(4) II. 63, 93, 157.
(5) I. 176, 311, 432, 524. — II. 58, 62, 130, 203, 305, 330.
(6) I. 177, 183, 192, 492. — II. 133, 140.

vert la lame en haut; Jehan le Parmentier, un *carreau de tailleur*; Rober le carpentier, une *hache*; Pierre Lefevre, une *enclume*; Jehan Maillet, écuyer, *trois maillets.*

Au moyen-âge, — on en a maint exemple; — un seigneur qui n'avait pas encore de sceau qui lui fût propre, se servait, pour sceller ses actes, de celui de son prédécesseur. Par la même raison, un paysan illettré croyait pouvoir emprunter comme signe représentatif de son individualité, la signature d'un ami ou d'un voisin, pourvu qu'une autre main se chargeât du soin d'exprimer la signification de cet emprunt (1).

C'est ainsi que dans la coutume de Boves (2), la marque de Jehan Herlin est apposée deux fois; — une fois, sans commentaire; et une autre fois avec cette mention : *Signe emprunté à Jehan Herlin par Mathieu Lepher, vigneron, demeurant à Boves.*

Les procès-verbaux des coutumes mentionnent également les noms des baillis et lieutenants de baillis qui ont présidé à la rédaction. Selon M. Bouthors, l'identité de formules et de dispositions qu'on observe dans certains cahiers, atteste suffisamment qu'elles ont été dictées, sinon suggérées par ces officiers (3).

Le rôle qu'a joué le lieutenant-général Saint-Delys dans la rédaction et l'enregistrement des coutumes du bailliage d'Amiens, est signalé par M. Bouthors avec de graves reproches. M. Bouthors ne lui pardonne pas ses démêlés avec la commune d'Amiens dont il s'efforçait d'a-

(1) Tome I, p. 206, note 14.
(2) Tome I, p. 175.
(3) Tome I, p. 349, § 4; tome 2, p. 12; § 1 et seq.

moindrir les privilèges et de restreindre la juridiction (1). Il rappelle aussi la ruse qu'il employa pour empêcher l'homologation de la coutume de la prévôté de Vimeu, en 1509. Cette coutume renfermait en matière de succession *ab intestat*, des dispositions particulières différentes de la coutume générale : et comme Saint-Delys tenait à faire prévaloir celle-ci, il ne produisit pas le texte de la coutume locale de Vimeu, et supposa faussement que le manuscrit avait été lacéré par son lévrier (2).

Le savant Dumoulin avait admis pour vraie, l'assertion du lieutenant-général Saint-Delys. « Et pour ce, dit-il, « que ceux de Vimeu, lors de la publication des coutumes « ne purent point promptement fournir le cahier de leurs « coutumes particulières *qui avait été mangé des chiens*, « ils demeurèrent sous la coutume générale d'Amiens. » — « Ainsi l'ai vu juger par arrêt de l'an 1548 (3). »

Mais depuis, le manuscrit de ces coutumes particulières, trouvé parfaitement intact lors de la réformation qui eut lieu en 1567, a démontré l'imposture de cette fable.

Le plan de la publication est tracé dans *l'avant-propos* du premier volume. L'auteur y expose son opinion sur les causes qui ont présidé à la formation du droit coutumier français du nord de la France, qu'il compare aux Weisthumer ou coutumiers d'Allemagne et de la Suisse, pour en signaler les rapports et les différences (4). Ce qui le frappe en rapprochant les coutumes locales de la Picardie,

(1) Tome I, p. 57 et 154, note 82. — P. 156 et 157, notes 89 et 90.

(2) Tome I, p. 347, 348.

(3) Molinœi opera, t. 4, p. 230.

(4) Tome I, avant-propos, p. VI, VII et VIII.

de certains Weisthumer de la Westphalie et de la Suisse, c'est que les coutumes locales de la Picardie portent moins l'empreinte des mœurs pastorales, parce que dans toute l'étendue des pays qu'elles régissaient, il ne se trouvait pas de terrains qui comportâssent, surtoutsur une aussi grande échelle, des institutions comme celles de la commune germanique. M. Bouthors fait à ce sujet une remarque très-vraie. « La vie pastorale et la vie agricole ne comprennent pas de la même manière les devoirs et les obligations de l'homme placé dans l'une ou l'autre de ces deux conditions. La vie agricole fixe l'homme au sol qu'il cultive; la vie pastorale l'attache au troupeau qu'il conduit. L'une lui impose un travail sédentaire, l'autre une surveillance assidue mais un peu nomade et plus libre. » La différence de ces positions a déterminé la division des coutumes. Avec des habitudes errantes, le statut personnel suffit; avec des établissements fixes, le statut réel devient indispensable (1).

Ainsi les paysans du Hainaut, de l'Artois et de la Picardie, placés dans des conditions physiques qui ne leur permettaient pas de se protéger eux-mêmes, ont dû subir le dur protectorat de la féodalité (2).

Dans toute la partie du bailliage d'Amiens, qui s'étend jusqu'à l'Authie, la féodalité domine et le droit local est le droit du seigneur : — mais au-delà de cette rivière, et à mesure qu'on s'approche de la Belgique, les coutumes sont plus favorables au droit des personnes; c'est que, dans cette région, il y avait déjà de l'industrie, et que le

(1) Tome I, avant-propos, p. VI, VII et VIII.

(2) Avant-propos, pages IX, X et XI.

travail et l'aisance qu'il produit sont un puissant moyen d'émancipation.

La publication de M. Bouthors contient :

1° La coutume d'Amiens, qui, par son importance et, comme loi principale de la province, méritait d'être placée en tête ;

2° Une foule de petites coutumes locales, ou plutôt seigneuriales, ce que nos pères nommaient le *jus curiæ*, le *record de cour*, et que le droit allemand appelle du même nom *Hofrecht* (*Hof*, cour, *Recht*, droit).

Nous suivrons cette division dans notre examen,

I.

La coutume de la *Ville*, *échevinage* et *prévôté* d'Amiens, prouve, selon M. Bouthors, que l'élément barbare a exercé au moins autant d'influence que l'élément romain sur la révolution communale; et que, même dans les villes où les traditions de la municipalité romaine se sont le mieux conservées, ce principe serait resté frappé d'inertie, si le principe plus vigoureux et plus actif de la ghilde germanique n'était venu à son secours (1).

« La commune, c'est-à-dire, l'union des citoyens dans « un but de protection et de garantie mutuelle est d'ori- « gine germanique; — la municipalité, c'est-à-dire la « hiérarchie des pouvoirs administratifs de la cité, est « moins germanique que romaine. » — Dans l'introduction, 57 pages de texte, et 60 pages de notes sur 2 colonnes, sont en très-grande partie employées au dévelop-

(1) Avant-propos, p. XII.

pement de ce système qui peut avoir ses partisans comme il a ses adversaires (1).

Les notes de la coutume d'Amiens sont intéressantes en ce qu'on y voit les sources beaucoup plus anciennes où les rédacteurs de 1507 ont puisé les principales dispositions de cette coutume. — Tout ce qui touche au droit civil est emprunté aux *anciens usages d'Amiens*, qui remontent à l'an 1280.

Toutes les notes de cette première série renferment en général moins d'explications que de faits, et consistent pour la plupart, en pièces inédites extraites des registres de l'hôtel de ville d'Amiens (2).

II.

Les coutumes de la 2e et de la 3e série n'offrent par elles-mêmes qu'un très-médiocre intérêt. Trois seulement, celles de Boves, de Picquigny et de Corbie, ont attiré l'attention de l'éditeur. — Moins peut-être pour apprécier les dispositions qu'elles renferment, que pour faire connaître les rapports de féodalité et de vasselage qui existaient entre les possesseurs de ces trois grandes seigneuries, M. Bouthors jette un coup d'œil général sur la constitution des fiefs dans le comté d'Amiens au XIIe et au

(1) Voyez le *Journal des Débats* du 24 février 1848, date aussi remarquable qu'imprévue pour un tel sujet.

(2) A la fin du tome I, des *Monuments de l'histoire du Tiers-État*, M. Aug. Thierry a donné une *notice des sources manuscrites de l'histoire municipale d'Amiens.* Cette notice intéressante comprend 34 pages in-4°, et renferme les indications les plus précises et les plus détaillées.

XIIIe siècle (1). Mais tout l'intérêt de cette notice repose principalement sur le *Rôle des feudataires de l'abbaye de Corbie* (2), pièce inédite de la plus haute importance, que viennent corroborer, en ce qui concerne la baronie de Picquigny, les deux traités du vidame d'Amiens, du mois de novembre 1300, avec l'Évêque; et du mois de janvier 1302, avec l'abbé de Corbie, ainsi que les deux dénombrements qui s'y réfèrent (3).

III.

La plupart des coutumes des 2e, 3e, 4e et 5e séries se bornent à spécifier les droits des seigneurs. Aussi l'éditeur s'est-il appliqué à les restreindre dans le cadre le plus étroit, pour ne pas faire double emploi avec les coutumiers généraux. — Il n'a relevé que les dispositions qui lui ont paru essentielles, ou qui se distinguent par leur singularité ; par exemple le droit du seigneur, d'exiger le tribut de la première nuit de mariage, « et est ledit droit « appelé droit *de cullage* (4), — et de contraindre ses sujets « à battre l'eau des fossés pendant la nuit pour empêcher « que les raines et grenouilles *ne lui fassent noise*, » en troublant son sommeil (5).

Que les amis posthumes de la féodalité ne viennent pas dire que ce sont-là des fables ou des exagérations inventées par les adversaires de l'ancienne aristocratie seigneuriale !

(1) Tome I, p. 229.
(2) Tome I, p. 317.
(3) Tome I, p. 209; p. 216, note 27; et p. 219, note 28.
(4) Tome I, p. 469 et 484, art. 17.
(5) *Ibid.*, art. 18.

On peut contester certains récits qui ne se trouvent que dans des chroniqueurs crédules ou dans quelques écrivains passionnés : — mais quand de tels faits sont écrits dans des lois où ils sont qualifiés *droits;* quand le texte de ces lois est authentique, et qu'il est produit, le rôle officieux de la dénégation devient impossible.

Ce qu'il y a de plus scandaleux c'est que les seigneurs même ecclésiastiques prétendaient à l'exercice de ce droit. « J'AI vu, dit Boërius (décision 297), juger dans la Cour « de Bourges, devant le métropolitain, un procès d'ap- « pel où *le Curé* de la paroisse prétendait que, de vieille « date, il avait *la première connaissance charnelle* avec la « fiancée ; laquelle coutume avait été annulée et *changée* « *en amende.* »

C'est ainsi que, pour la représentation du même droit, les officiers de l'évêque d'Amiens se contentaient « d'exi- « ger de toutes les personnes nouvellement mariées, une « *indemnité* pour leur *permettre* de coucher avec leurs « femmes, la première, la deuxième et la troisième nuit « de leurs noces. » Bouthors, t. I, p. 469. — Mais un arrêt du Parlement, du 19 mars 1409, lui *interdit* l'exercice de ce droit (LAURIÈRE, glossaire I, page 308. Ce même auteur cite plusieurs autres exemples pour d'autres pays que la France).

IV.

En passant à la seconde partie de l'ouvrage de M. Bouthors, je ne voudrais pas lui appliquer la censure d'Horace :

Desinit in piscem mulier formosa superne ;

et cependant je ne puis m'empêcher de faire remarquer que

son second volume ne répond pas au premier. Autant il a été prodigue d'*introductions* et de *notes* dans l'un, autant il s'en montre économe dans l'autre. En cela, il a cédé un peu trop peut-être aux premières critiques dont il avait été l'objet (1). Quoi qu'il en soit, les 7e et 8e séries ne contiennent pas les dissertations promises dans l'avant-propos du tome premier : et l'*essai sur l'origine et les principes du droit rural coutumier*, annoncé à la page 497 du tome 2, comme devant lui servir d'*introduction*, « restera, dit « l'auteur, à l'état de projet ; » — c'est-à-dire qu'il n'a pas jugé à propos de le donner en cette forme, car il annonce dans une de ses lettres (2) « que ce travail est à peu près « terminé et qu'il se réserve de le publier in-8°. »

Mais, à parler franchement, au lieu de toutes ces *introductions partielles* et d'un *avant-propos* qui est trop effacé, j'aurais préféré une *introduction générale* qui eût offert un travail d'ensemble sur toutes ces coutumes. C'était chose d'autant plus facile qu'il ne s'agissait que de ne pas diviser les fragments placés en tête des six premières séries. Évidemment, nous lirions toutes ces coutumes avec plus d'intérêt, si nous y étions préparés par la *théorie des prestations seigneuriales* qui sert d'introduction particulière à la prévôté de Saint-Riquier.

M. Bouthors lui-même convient que, pour apprécier sainement les textes publiés, il manque un travail spécial dans lequel, « envisageant les coutumes dans leurs rap- « ports avec la propriété foncière, on exposerait aussi les « principes de la ruralité et du système judiciaire qui s'y

(1) Article de M. Berger de Xivrey, dans le *Journal des Débats*, du 24 février 1848.

(2) Du 20 novembre 1853.

« rapporte (1). » — Il nous semble donc que, réunies en un seul corps, ces dissertations, faites ou à faire, auraient mieux répondu à l'importance de l'ouvrage ; et que, plus utiles et plus commodes pour les lecteurs, elles auraient mis en plus grand jour l'œuvre de l'écrivain.

Ce n'est là au surplus qu'une critique sur le plan général de la publication. Car, tout en regrettant les lacunes que je viens de signaler, j'aime à reconnaître que l'auteur s'est efforcé de fournir un moyen de les combler, en plaçant à la fin du tome II, un *Répertoire analytique des textes* (2). Ce répertoire disposé par ordre alphabétique, en forme de vocabulaire, a pour objet de faciliter la recherche des textes qui se rapportent aux différentes matières. — Prenons pour exemple *la distinction des tenures*. Cette matière est assurément la plus importante ; car l'auteur le dit avec raison : « c'est sur ce fait capital, *la dis-* « *tinction des tenures*, que repose tout le système de l'orga- « nisation territoriale au moyen-âge ; c'est de là que déri- « vent les droits, les priviléges, les devoirs et les obligations « en un mot, la condition diverse des tenanciers. » — Pour en avoir une connaissance complète, il faut voir tous les textes qui se trouvent sommairement indiqués et analisés sous ces mots : *Bourgage*, *Bourgeoisies*, *Cens communal*, *Communes*, *Corvées*, *Coterie*, *Cotier*, *Echevinage*, *Echevins*, *Héritages*, *Maïeur*, *Maïneté*, *Mains-fermes*, *Mariages*, *Plaids*, *Plaids-généraux*, *Reliefs*, *Rentes*, *Saisine*, *Successions*.

Si on réunit dans un autre groupe les mots : *Chemins*, *Délits ruraux et forestiers*, *Eteule*, *Flegards*, *Forêts*, *Fran-*

(1) Tome I, avant-propos, p. XIV.
(2) Tome II, page 737 jusqu'à 800.

ches-vérités, Fumiers, Glanage, Incendies, Lesques, Messier, Pâturage, Pêche, Plaids-généraux, Police rurale, on a toutes les indications désirables pour un résumé des principes de l'ancienne ruralité.

Seize coutumes de la prévôté de Doullens mentionnent des droits d'usage dans les marais. Du rapprochement de leurs diverses dispositions M. Bouthors a tiré des conclusions générales, qui contiennent le règlement de la matière (1).

A propos d'un texte de la coutume de Beauval (2), l'auteur hasarde quelques conjectures sur les *droits d'usage dans les forêts.* Le fait de couper plein la main de verges pour le service des charrues, n'est point considéré comme un délit (3). Celui qui a pris du bois dans les coupes peut être suivi jusqu'à deux lieues à la ronde (4). — Mais le coupable d'un délit forestier ne peut plus être arrêté lorsqu'il a passé les premières maisons du village (5); on voit qu'il avait intérêt à marcher vite.

L'amende est différente, selon l'essence des bois et l'âge auquel ils étaient parvenus. Suivant l'article 47 de la coutume de Beauquesne, le chêne est défensable quand il est assez gros pour être percé d'une tarière (6). Mais cette désignation est bien équivoque, car il y a de grosses et de petites tarières (7). Dans un weisthum rapporté

(1) Voyez t. II, p. 17, n° 1, 2, 3, 4 et à la page 18.

(2) T. II, p. 179, note 19.

(3) T. I, p. 316, et t. II, p. 124.

(4) Tome I, p. 423.

(5) Tome II, p. 235.

(6) Tome II, p. 415, art. 47, et la note 149, p. 561.

(7) Dict. de l'Académie, au mot *Tarière.*

par Grimm (1), le chêne est défensable quand il a atteint assez de force pour que l'épervier y puisse dépécer un moineau. On comprend combien tous ces modes d'appréciation pouvaient prêter à l'arbitraire ; il eût mieux valu, comme on l'a fait dans les lois modernes, se décider par le degré de rotondité.

En Allemagne, où le chêne était considéré, à raison du glandage et de sa valeur pour les constructions, comme l'arbre par excellence, la loi forestière le protégeait par les peines les plus atroces, M. Bouthors en rapporte quelques exemples (2) extraits des weisthumer de Grimm. Il faut le lire pour y croire. — Ainsi, dans la marche de Bebber, si quelqu'un s'avisait de couper un chêne et qu'il se laissât surprendre en flagrant délit, il subissait une espèce de talion, car on lui coupait la tête sur la souche, où elle devait rester jusqu'à ce qu'il se formât de nouvelles tiges. — A celui qui enlevait l'écorce, soit à un chêne, soit à un hêtre portant fruit, si on pouvait le prendre sur le fait, le weisthum autorisait à lui ouvrir le ventre, et, après lui avoir tiré hors du corps l'intestin dont on attachait l'extrémité sur la plaie, on lui faisait faire le tour de l'arbre jusqu'à ce que la place écorcée fût entièrement recouverte. — Un vieux weisthum de Schaumbourg condamnait le délinquant à une peine non moins extraordinaire. Au lieu de l'intestin, c'est « la partie secrète de sa personne qui « devait être clouée sur le tronc de l'arbre mutilé. » Mais en même temps qu'on lui infligeait cette peine, on lui attachait la main droite sur le dos, et on lui mettait dans la

(1) Grimm, weisth. III, p. 302 et 304.
(2) Tome II, p. 561, note 149.

main gauche une petite hachette pour qu'il pût se délivrer quand bon lui semblerait (1).

Ces peines ont-elles jamais été appliquées? N'étaient-elles pas simplement comminatoires et susceptibles d'être rachetées par des amendes ? N'en était-il pas de ces atroces prescriptions du législateur allemand comme de cette disposition de la loi des XII tables qui, chez les Romains, autorisait les créanciers d'un débiteur insolvable à le dépécer par morceaux et à se le partager au prorata de leurs créances? — Mais, en regard du terrible verbe *secanto* écrit dans la loi, on ne trouve dans les historiens aucun vestige de son exécution ; — et même, dans un passage de Dion Cassius, retrouvé par le cardinal Mai dans ses palimpsestes, on lit cette affirmation précise : « La loi « existait réellement, mais on ne l'exécuta jamais (2). »

Cette rigueur des lois répressives des délits forestiers chez les anciens, contraste avec les lois beaucoup plus douces éditées par les législateurs modernes. — Et ces dernières lois elles-mêmes ont toujours reçu dans leur exécution de grands adoucissements par l'humanité de quelques propriétaires. Il existe à ce sujet une lettre intéressante écrite par Agnès Sorel, maîtresse de Charles VII, au prévôt de sa terre de la Chesnaye, dont le nom indique qu'elle était bien fournie de chênes. Cette lettre a été communiquée par le baron belge de Stassart, à l'éditeur du recueil périodique intitulé *Bulletin du bibliophile*,

(1) M. Bouthors, *loco citato*, rapporte les textes mêmes extraits du recueil de Grimm.

(2) Voyez *Excerpta vaticana*, XII, p. 143, édition de Rome; — et dans l'édition de Dion Cassius traduite par M. Gros, tome I, page 70.

XIe série, livraison de janvier 1854, p. 672. Elle est ainsi conçue :

« Monsieur le Prévost,

« J'ay entendu que quelques uns de la paroisse de la « Chesnaye ont esté par vous adjornez sur le soupçon « d'avoir prins certains boys de la forest dudit lieu ; et à « eulx ont été unes journées sur ce assignés pour entendre « d'une information faicte sur leur innocence. Sur quoi « ayant sceu qu'aucunes desdites gens sont povres, mi- « sérables personnes et que ilz aient grant misère à gagner « leur vie et gouvernement d'eulx, leurs femmes et en- « fans, ne veus en riens qu'il soit suivi oultre à ladicte « information et journées, et que lesdictes gens soient « empeschiez aulcunement en corps ne en leurs biens, « mais por eulx au contraire soit mise ladicte afère « à nient ; et en ce faisant sans delay me ferez service « aggréable. Priant Dieu, monsieur le Prévost, qu'il vous « doint bonne vie et vous tienne en sa garde.

« Du Plessis, ce VIIIe jour de juing.

« Votre bonne mestresse, AGNÈS. » (1)

La répression des délits ruraux consistait presque toujours en amendes qui variaient de 60 sous à 6 deniers. Les seigneurs, pour mieux s'assurer le profit que ces amendes leur procuraient, avaient imaginé, surtout dans le nord de la France, un système de procédure inquisitoriale qui devait les rendre très-fructueuses. C'étaient

(1) A celle-là aussi les péchés seront remis pour une si bonne œuvre.

les assises des *plaids-généraux* et des *franches-vérités*, auxquelles tous les manants de franche et libre condition étaient obligés de comparaître plusieurs fois l'an, pour y dénoncer les faits venus à leur connaissance depuis la dernière assemblée (1). Moyen immoral à notre avis, en ce qu'il avait pour objet de favoriser la délation ; qu'il offrait un moyen de satisfaire les haines particulières, et qu'il devait nécessairement entraîner à sa suite des vengeances privées.

V.

Le recueil de M. Bouthors, surtout dans les 7e et 8e séries, contient un assez grand nombre de coutumes, dont les textes offrent parfois de piquantes singularités. Mais c'est un détail qui mènerait trop loin, et dans lequel je n'ai pas voulu entrer trop avant.

Je me bornerai à recommander quelques articles à ceux qui seront curieux d'y recourir.

Par exemple, dans la 7e série, la note 9 sur la culture du pastel, qui était déjà grand objet de commerce à une époque si éloignée de nous.

La note 72 sur le menu du repas que le seigneur de Foucquevillers devait payer aux échevins le jour des Rois.

La note 88 sur une singulière manière d'acquérir le droit de bourgeoisie à Aubigny. Pour qu'une femme bourgeoise d'Aubigny pût faire acquérir ce droit à son mari, la coutume, art. 26, exige « que le jour des espou-
« sailles ils viennent coucher ensemble en ladite ville
« d'Aubigny, et fassent appeler les échevins dudit lieu

(1) T. II, p. 714, note 44, et p. 715, note 45.

« pour les voir tous deux au lit près l'un de l'autre, et « que rien ne soit mis entre eulx deulx (1). »

La note 199 contient un *records* de coutumes, mode d'enquête institué pour constater les usages allégués. Avant l'ordonnance de 1667, les coutumes contestées se prouvaient à l'aide d'*enquêtes par turbes*, abrogées alors, et remplacées depuis par les *actes de notoriété*.

La coutume de Thun-Saint-Martin (2) règle, dans ses articles 1er jusqu'à 20, l'administration du four banal, et renferme des formules dont la naïveté montre toute la simplicité des vieilles mœurs du pays.

La coutume de l'échevinage de Baralle et Buissy (3) est la plus étendue de la collection. C'est un vrai code en 180 articles, répartis sous 18 chapitres. Le 18e et dernier se compose entièrement des conseils d'avocats que les échevins de Baralle et Buissy allaient consulter, tantôt à Arras, tantôt à Cambrai, lorsqu'ils avaient à juger des questions difficiles.

Sur cette coutume (dont les chapitres 13, 14 et 15 semblent empruntés aux *anciens usages d'Artois*), M. Bouthors se plaît à reconnaître que les principaux éclaircissements qu'il y a joints lui ont été fournis par M. Tailliar, sur la demande qu'il en avait faite. Ce magistrat, l'un des plus érudits de la Cour impériale de Douai, s'était chargé des annotations sur les textes composant le septième groupe.

Je terminerais ici cette analyse déjà bien longue, s'il ne me restait encore à dire un mot d'une Dissertation qui

(1) T. II, p. 299, et la note 88.
(2) Tome II, p. 482.
(3) Tome II, p. 445.

se recommande par son objet et par les développements assez considérables que l'auteur s'est plu à lui donner.

VI.

Dans cette dissertation qui fait suite à la notice de la 6e série, M. Bouthors considère *les coutumes dans leurs rapports avec l'organisation de la famille*, et il se demande pourquoi le mariage, source et fondement de toute législation civile, n'a pas été réglementé par le droit coutumier ?

Après avoir rappelé, que le mariage, chez les Germains et chez les Romains, se formait par une sorte de *vente* suivie de *tradition*, par laquelle la femme devenait la *propriété* du mari ainsi que les enfants qui en naîtraient, M. Bouthors montre le christianisme annoblissant le mariage, en l'instituant comme une *association* dans laquelle la femme n'est plus l'esclave, mais la *compagne* de l'homme, et stipule avec une égale liberté les clauses de cette association.

Mais cette transformation amena avec le temps, et à mesure qûe l'Eglise devint plus puissante, un déplacement dans l'exercice de l'autorité. Le législateur civil, qui jusque sous Justinien avait réglé les conditions du mariage, l'âge des futurs, les solennités extérieures de leur union, les empêchements, les dispenses, se vit disputer cette partie de son autorité par l'Eglise, qui, au lieu de se borner à bénir le mariage et à le sanctifier comme sacrement, prétendit qu'il lui appartenait exclusivement de tout régler en cette matière. On s'en référait donc absolument au droit canonique.

Voilà pourquoi, dit M. Bouthors, les coutumes du

moyen-âge sont muettes ou au moins d'un extrême laconisme sur tout ce qui concerne le mariage en lui-même et les conditions de sa validité.

Les prêtres catholiques sont ainsi restés les officiers de l'état civil des citoyens ; et cela a duré jusqu'à l'époque où, suivant l'expression de M. Portalis l'ancien (dans son exposé des motifs du *Code civil*, titre du *Mariage*), il a été possible de *séculariser* la législation et de rendre à l'autorité laïque le droit qui lui appartient essentiellement, de régler les conditions civiles d'un contrat qui donne des citoyens à l'Etat, et qui fait le fondement de la société politique ; — sans préjudice du droit et du devoir des époux d'appeler les bénédictions de la religion sur leur union, chacun dans le culte qui leur est propre, et dont la même loi civile garantit à tous la libre profession.

Cette dissertation, fort étendue (car elle ne comprend pas moins de 32 pages in-4°), apparaît du reste comme une espèce de hors-d'œuvre dans l'ouvrage de M. Bouthors : du moins elle ne se rattache pas d'une manière directe, comme les autres, aux textes qui font l'objet de sa publication.

En résumé, dans cette œuvre d'érudition locale et de patient labeur, auquel l'auteur a consacré près de vingt années, on peut dire qu'il a bien mérité de cette partie de la science qui s'occupe de la recherche des anciens monuments de notre droit ; — il a surtout bien mérité de sa province, en lui élevant un *Monument* qui justifie pleinement la confiance qu'avait placée en lui la docte *Société des antiquaires de Picardie*.

Orléans. — Imp. de Coignet-Darnault.

www.ingramcontent.com/pod-product-compliance
Ingram Content Group UK Ltd.
Pitfield, Milton Keynes, MK11 3LW, UK
UKHW020226180726
13838UKWH00005B/2215

9 782329 344973